추억의 종이인형 페이퍼돌

추억의
종이인형
오리지널

엮은이 페이퍼돌

차 례

펑키와 포키	1980년대 후반	★ 이상한 나라 엘리스 1980년대 중반
사랑은 불루	1980년대 후반	★ 애정의 욕망 1980년대 중반
메리와 하니	1980년대 후반	★ 세월 1980년대 중반
내 친구 밤비나	1980년대 후반	★ 유미 1980년대 중반
공주 그로리아	1980년대 후반	★ 안넷트 수영복 입히기 1980년대 초반
작은 숙녀 아리아	1980년대 후반	★ 샌디 1980년대 중반
메리와 사라	1980년대 후반	★ 똑순이 1980년대 초반
펑키와 핑키	1980년대 후반	★ 간난이 1980년대 초반
미미의 차림옷	1980년대 후반	★ 갈채 1980년대 중반
패션소녀 쟈네트·내 사랑 니나	1980년대 후반	★ 라라와 미미 1980년대 초반
천사들의 합창	1980년대 후반	★ TV유치원 1980년대 초반
코스비 가족	1980년대 후반	★ 능금꽃이 피면 1970년대 후반
리나의 패션	1980년대 후반	★ 지금은 사랑할 때 1970년대 후반
애루패션	1980년대로 추정	★ 못난이 3형제 1980년대 초반
딸기나라 꼬마임금	1980년대 초반	★ 세자매 1970년대 후반
작은 천사 의상놀이	1980년대 중반	★ 또순이 1970년대 후반
즐거운 인형놀이 장희빈	1980년대 중반	★ 산유화 1970년대 후반
요정 꽃님	1980년대 중반	★ 새댁 1970년대 후반
별나라 공주님	1980년대 중반	★ 안개 1970년대 후반
작은 아씨들	1980년대 중반	★ 장희빈 1970년대 후반
사랑의 기쁨	1980년대 중반	★ 시어머님과 맏며느리 1960년대 후반
소녀가수 이선희	1980년대 중반	★ 초록별 1970년대 초반
라라와 미미	1980년대 중반	★

₩100

사랑을

은하별 옷갈아입기

장은천사

의상놀이

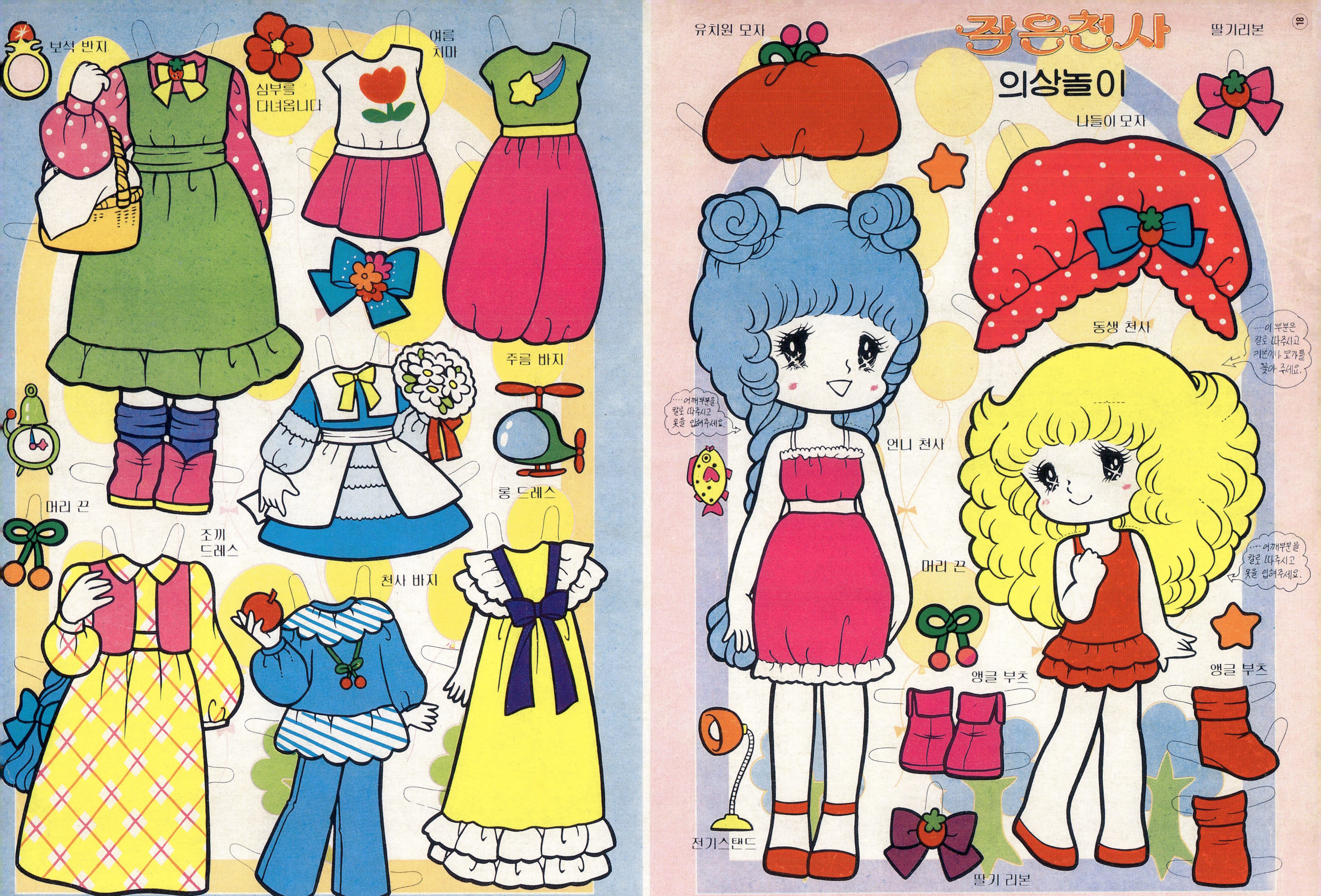

부모님과 언니, 오빠들이 거들어 주면 더욱 재미있게
즐기고 놀이의 대화를 마련하여 상상력을 향상시킵니다.

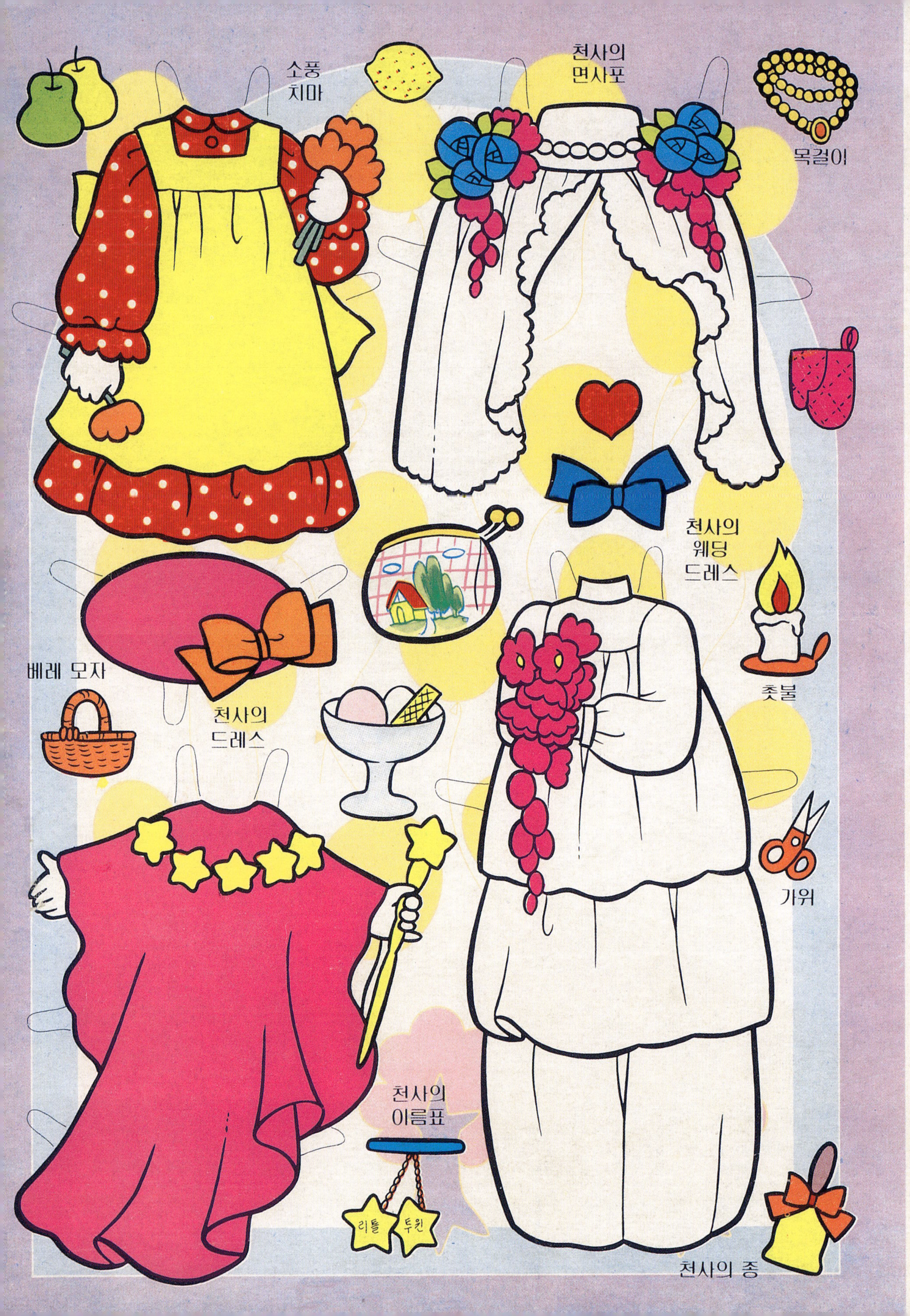
소풍
치마
천사의
면사포
목걸이
천사의
웨딩
드레스
베레 모자
천사의
드레스
촛불
가위
천사의
이름표
리틀
투윈
천사의 종

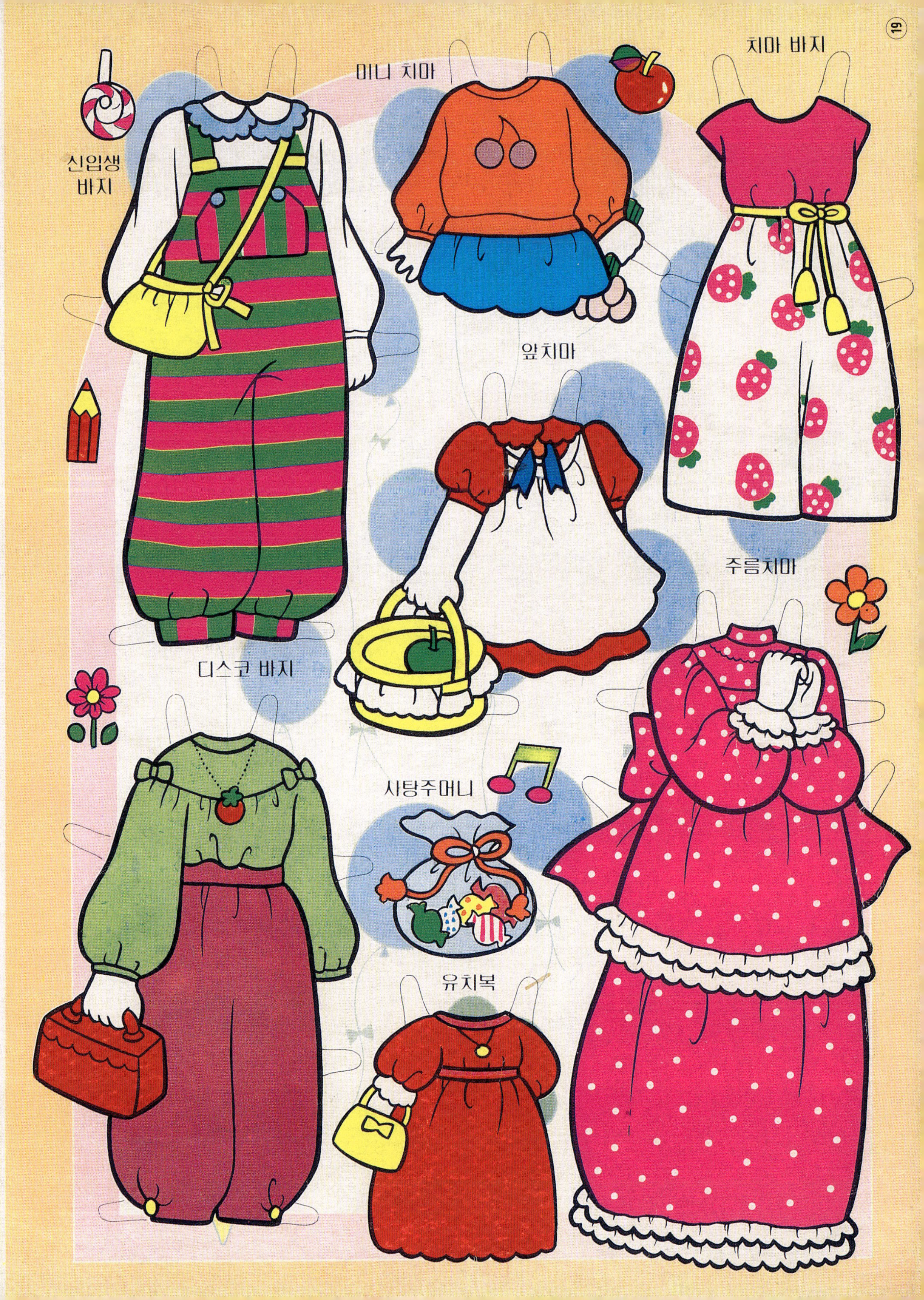
미니 치마
치마 바지
신입생
바지
앞치마
주름치마
디스코 바지
사탕주머니
유치복

세자매

또순이

나들이옷

파티복

홈드레스 파티복 드레스

파티복 나들이옷 외출복

실내복

접대복

파티드레스

외출복

원피스

작업복

축하용 드레스

값 10원